Wenn du es wärst!
Letizia Jolie Nicola

LETIZIA JOLIE NICOLA

Wenn du es wärst!

© 2025 Letizia Jolie Nicola
Verlag: BoD · Books on Demand GmbH, Überseering 33,
22297 Hamburg, bod@bod.de
Druck: Libri Plureos GmbH, Friedensallee 273,
22763 Hamburg
ISBN: 978-3-8192-3185-8

Poetische Liebeszitate by Letizia

Für alle, die eine Person, nie vergessen konnten!

,,Wenn du es wärst –
der Mensch,
den mein Herz nie vergessen hat,
der in jeder Stille ruft
und in jedem Traum erscheint –
dann wünsche ich mir nichts
sehnlicher,
als dass uns das Schicksal
noch einmal kreuzt.
Denn manche Seelen
gehören einfach zusammen,
ganz egal,
wie weit sie sich verlieren."

,,Deine Liebe
war das Einzige,
was sich je
wirklich richtig angefühlt hat.
Alles andere
ist nur ein müder Versuch,
dich zu ersetzen."

,,Du hast nie versucht,
jemand anderes zu sein.
Und genau das war es,
was mich tiefer berührt hat
als jedes perfekte Bild."

,,Wenn ich liebe,
dann liebe ich tief,
so tief,
dass mein Herz dabei schmerzt.
Ich liebe in jedem Herzschlag,
mit allem,
was in mir lebt.
Es ist erschöpfend,
manchmal zu viel,
und doch ist es das Schönste,
was ich kenne.
Und du,
wann hast du das letzte Mal
geliebt,
bis es wehgetan hat?

,,Deine Augen haben nicht nur
geleuchtet,
 sie haben mich erkannt.
Als wäre dort ein Licht,
das nicht blendet,
sondern heimführt."

,,Ich wollte nie die ganze Welt –
nur dich.
Und jetzt,
wo du weg bist,
fühlt sich selbst
alles andere
bedeutungslos an."

,,Liebe ist nicht das Finden,
sondern das Ankommen,
bei jemandem, der dein Herz
leise kennt."

,,Es gibt Millionen von Stimmen,
aber ich höre nur nach deiner.
Nur dein Blick
hätte gereicht,
um mich
wieder ganz zu machen."

,,Es ist nicht einfach Liebe,
wonach ich mich sehne.
Es ist nicht Nähe, nicht Wärme,
nicht ein Herz zum Anlehnen.
Es bist du.
Dein Blick, den ich nie ganz
verstand.
Deine Stimme, die blieb, auch als
du längst gegangen warst.
Die Vorstellung von uns, die nur
in mir gelebt hat - aber stark
genug war, um jede echte
Berührung bedeutungslos
erscheinen zu lassen.
Ich vermisse dich,
nicht weil du mein warst, sondern
weil du es nie warst - und ich es
mir so sehr gewünscht habe."

,,Auch wenn du nicht bei mir bist,
geht kein Tag vorbei,
an dem ich nicht spüre,
dass wir noch nicht
am Ende sind."

,,Ich sehne mich nicht nach Nähe.
Ich sehne mich nach dir –
nach der Art,
wie nur du mich angeschaut hast,
als wäre ich genug."

,,Wahre Schönheit hat keine Farbe,
kein Gesicht,
keine Form.
Sie liegt in deiner Fähigkeit
mit einem gebrochenen Herzen
noch immer
sanft zu lieben."

,,Wenn ich die Liebe
zusammenfassen müsste,
Würde ich kein Wort sagen,
Ich würde dir dich zeigen.
Ich würde zeigen Wie du mich
anschaust,
Deine Geduld,
Deine Zärtlichkeit,
Alles, was dich ausmacht,
Dass du
Die Liebe in ihrer schönsten Form
bist."

,,Es ist ein Kampf Zwischen Herz
und Vernunft,
Zwischen dem,
was wir tun sollten,
Und dem,
was wir leben wollen.
Wir streifen uns,
Wir suchen uns,
Wir fliehen voreinander,
Doch am Ende
Finden wir uns immer wieder."

,,Unsere Herzen schlagen
Im gleichen Takt,
Als hätten sie es immer gewusst,
Als hätten sie
lange vor uns Schon gelernt,
zusammen zu tanzen.
Jeder Schlag ist eine Note,
Jeder Blick eine Melodie,
Ein perfektes Echo,
Ein leises Flüstern,
Das uns erinnert,
Dass manche Seelen Keine Worte
brauchen,
Nur einen gemeinsamen
Rhythmus,
Um im Einklang
zu existieren "

,,Ich sollte zurückweichen,
Abstand schaffen,
Dieses Feuer ersticken,
Bevor es mich verzehrt.
Doch jeder Schritt zurück
Führt mich wieder zu dir,
Wie ein Magnet,
Wie eine Gewissheit,
Als wäre Flucht unmöglich,
Wenn doch alles in mir
Nur dich will."

,,Wenn etwas in dir sagt,
dass es noch nicht vorbei ist,
dann ist es nicht
Hoffnungslosigkeit,
es ist Liebe,
die sich nicht beugen lässt."

,,Du kommst näher,
Und mein Herz verliert
Das Gleichgewicht.
Wenn du nur wüsstest,
Wie sehr du meine Schwäche bist."

,,Ich habe mich nicht in
das verliebt,
was du zeigst,
sondern in das,
was du still trägst.
Deine Güte.
Deine Stärke.
Deine leise Art, nicht aufzugeben,
obwohl du es oft wolltest."

,,Ich habe deinen Blick getroffen,
Und die ganze Welt
wurde unwichtig.
Da war ein Versprechen
in der Art,
Wie du mich angesehen hast,
Als wäre ich das Einzige,
das zählt.
Es war weder ein Zufall
Noch ein Irrtum,
Es war eine Gewissheit,
Ein eingefangener Moment,
eine Wahrheit
Die leise zwischen uns brannte.
Und egal, was man sagen wird,
Egal, was morgen geschieht,
Nichts wird Diese eine Nacht
auslöschen,
In der sich unsere Seelen
Wiedererkannt haben."

,,Es ist dieses Kribbeln,
Wenn du meinen Namen
aussprichst,
Diese Elektrizität,
die die Luft durchzieht,
Dieser Moment,
in dem unsere Seelen
Sich zu verstehen scheinen,
Noch bevor
unsere Körper sich berühren."

,,Unsere Stille sagt zu viel,
Unsere Atemzüge stimmen
überein,
Unsere Seelen erkennen sich,
Und dennoch tun wir so,
Als ob wir es nicht bemerken."

,,Jedes Mal,
Wenn du meine Hand streifst,
Halte ich den Atem an,
Als ob die Welt
Aufhören würde,
sich zu drehen."

,,Ich verliere mich in deinem
Blick,
In diesem tiefen Ozean,
In dem ich treibe,
Wo jedes Lichtflackern
Mich noch ein Stück mehr
festhält.
Und je mehr ich versuche,
Mich zu beherrschen,
Desto mehr gebe ich mich hin,
Als wäre Widerstand
Ein längst verlorener Kampf,
Als wäre dein Blick Ein Sturm,
Dem ich mich hingeben will."

,,Manchmal frage ich mich,
ob du nur eine Idee warst.
Eine Vorstellung davon,
wie sich Nähe anfühlen könnte,
wenn man sie nie ganz bekommt.
Aber dann
höre ich deinen Namen
in mir flüstern,
als hätte ihn jemand dort
mit bloßen Fingern
hineingeschrieben.
Und plötzlich
tut es wieder weh,
schön zu träumen."

,,Ich vermisse dich nicht ganz.
Nur an bestimmten Tagen.
Wenn der Wind
so riecht wie damals.
Wenn ein Lied klingt wie du.
Dann sitze ich da,
mit einem Lächeln,
das wehtut.
Weil du nie ganz weg warst.
Und nie ganz da."

,,Ich erinnere mich nicht mehr
an jedes Wort.
Nur an das Zittern in deiner
Stimme.
Nicht an das Gespräch,
aber an den Blick danach.
Vielleicht ist das Liebe:
Sich nicht mehr an alles erinnern
– aber nie vergessen,
wie es sich angefühlt hat."

,,Du siehst mich an,
Als wäre ich ein Rätsel,
Ein Buch mit versiegelten Seiten,
Ein Geheimnis,
das es zu entschlüsseln gilt.
Und ich,
Ich lasse mich von deinen Augen
berühren,
Bereit,
dir jedes Fragment zu enthüllen,
Dich mich entdecken zu lassen,
Ohne Angst,
Ohne Zurückhaltung."

,,Dein Blick streift meine Haut,
Wie eine Berührung
aus der Ferne,
Und jedes Zittern,
das du auslöst,
Erinnert mich daran,
wie lebendig ich bin."

,,Wenn du da bist,
Scheint mir alles einfacher.
Die Tage sind weniger grau,
Die Nächte weniger kalt.
Ich weiß nicht,
ob das Liebe ist,
aber wenn es so ist,
Dann möchte ich,
dass sie nie endet."

,,Ich erinnere mich nicht an
jedes Wort,
aber ich erinnere mich an
das Licht in deinen Augen,
als du mich angesehen hast,
als wäre ich etwas Gutes."

,,Ich glaubte nicht an das
Schicksal,
Ich dachte,
alles sei Nur Zufall,
nur eine Fügung,
Nur zufällige Begegnungen,
Ohne vorgezeichneten Plan.
Doch dann kreuzten sich unsere
Wege,
Und plötzlich
ergab alles einen Sinn,
Als hätte das Universum
Deinen Namen geflüstert,
Lange bevor ich ihn kannte.
Seitdem zweifle ich nicht mehr,
Ich weiß, dass manche Seelen Dazu
bestimmt sind,
sich zu finden,
Ganz gleich,
wie viel Zeit vergeht,
Ganz gleich,
welche Geschichte sie verbindet."

,,Vielleicht war es nicht dein
Lachen,
das mich berührte.
Sondern die Wärme dahinter.
Als würde dein Herz
durch deine Augen
atmen."

,,Wenn es wirklich Liebe war,
dann trägt sie uns,
selbst durch Zeiten,
in denen wir uns verloren haben."

,,Wenn du mich so ansiehst,
Vergesse ich alles andere.
Es gibt nur Noch deine Augen
Und diese Wärme,
die sich ausbreitet."

„Ich habe auf dich gewartet,
Ohne es zu wissen,
Wie ein Stern,
Der auf die Morgendämmerung
wartet,
Wie ein Atemzug,
der die Luft sucht.
Und jetzt, da du da bist,
Fügt sich alles zusammen,
alles ergibt Sinn.
Als wäre jeder Moment
vor dir
Nur ein Vorspiel
für uns gewesen."

,,Du brauchst nicht einmal
zu sprechen,
Dein Schweigen ist eine Einladung,
Ein lautloser Ruf.
Und ich,
Ich schwanke,
Ich kämpfe gegen das
Unvermeidliche,
Doch je mehr ich widerstehe,
Desto mehr verliere ich mich
Im stummen Echo deines Blickes,
Wo jeder Herzschlag der Luft
Mich ein wenig mehr
zu dir zieht."

,,Ich hätte gerne jeden Moment
mit dir festgehalten,
Sie in einer Schachtel
verschlossen,
Um sie unendlich oft zu erleben.
Das Kribbeln unserer ersten
Blicke,
Das Zittern meiner Hand in deiner,
Die Wärme deines Atems
auf meiner Haut.
Ich hätte die Zeit gerne
verlangsamt,
Die Zärtlichkeit deines Lächelns
bewahrt
Und das Leuchten in deinen Augen
Wie einen verborgenen Schatz
gehütet.
Doch Liebe ist nicht dafür
geschaffen,
Erstarrt zu sein,
Sie ist dazu da, gelebt zu werden,
Also begnüge ich mich damit,
jeden Moment zu schätzen,
Im Wissen,
dass mit dir Alles ewig ist."

„Ich habe Angst,
dich zu sehr zu lieben,
Mich von einem Gefühl mitreißen
zu lassen,
Das größer ist als ich selbst.
Doch je mehr ich versuche zu
fliehen,
Desto mehr gebe ich mich hin,
Wie eine Welle, die immer
wiederkehrt,
Wie ein Feuer,
das sich weigert zu erlöschen,
Brennend und leidenschaftlich
Tief in meinem Herzen."

,,Wenn ich einen einzigen Ort
Wählen müsste,
An dem ich sein will,
Hier, jetzt, In diesem Moment,
Dann wäre es in deinen Armen.''

,,Unsere Seelen
Haben sich erkannt,
Lange bevor es unsere Herzen
taten,
Noch bevor unsere Blicke sich
trafen,
Noch bevor sich unsere Hände
berührten.
Sie tanzten im Unsichtbaren,
Suchten einander durch die Zeit,
Streiften sich im Schatten
der Tage,
Warteten auf den Moment,
In dem unsere Herzen Endlich
voneinander wussten,
Und begriffen,
dass diese Begegnung
Kein Zufall war,
Sondern ein uraltes Versprechen."

,,Liebe ist, Zu verstehen,
dass manchmal
Die schönsten Dinge unerklärlich
sind,
Dass man sie fühlt,
Sie in einem Schauer erlebt,
Einem Blick,
Einer gemeinsamen Stille.
Es bedeutet,
Das Unerklärliche anzunehmen,
Das Herz sprechen zu lassen,
Und an das zu glauben,
Was sich jeder Vernunft entzieht."

,,Manchmal geht das Leben
eigene Wege,
aber wenn zwei Herzen
füreinander bestimmt sind,
finden sie sich immer wieder -
stärker, reifer und mit der
Gewissheit,
dass wahre Liebe
nicht vergeht,
sondern mit der Zeit
nur tiefer wurzelt."

,,Ich könnte mein ganzes Leben
verbringen,
Die richtigen Worte zu suchen,
Um zu beschreiben,
was ich fühle,
Doch keines wäre stark genug.
Also begnüge ich mich damit,
Dich zu lieben,
In jedem Blick,
In jedem Schweigen,
In jedem Herzschlag,
Der deinen Namen trägt,
Ohne überhaupt sprechen
zu müssen."

,,Jeder Schlag meines Herzens
Ist eine Note,
Ein vibrierendes Echo
In der Symphonie,
Die du in mir komponiert hast.
Deine Stimme ist die Melodie,
Dein Blick die Harmonie,
Und jeder Moment mit dir Klingt
wie eine Musik,
Die ich niemals In Stille
verklingen lassen möchte."

,,In deinem Blick
Gibt es ein Geheimnis,
das mich ruft,
Ein Schaudern,
das mich durchzieht,
Als ob meine Seele wüsste,
Dass deine ihr bestimmt war."

,,Die Welt ist voller Gesichter,
Tausende Blicke,
die sich kreuzen,
Flüchtige Lächeln,
Anonyme Schatten,
Doch nur deiner
Bringt die Zeit zum Stillstand,
Lässt mein Herz schneller
schlagen,
Als ob es unter all diesen
Menschen
Nur dich gäbe."

„Ich weiß nicht,
Wie ich es erklären soll,
Aber dich zu lieben
war nie eine Wahl,
Es war eine
Selbstverständlichkeit,
Ein süßes Schicksal.
Ich fühle deine Anwesenheit,
Selbst wenn du nicht da bist.
Ich habe gelernt,
dich bedingungslos zu lieben,
Ohne Erwartung,
nur mit der Gewissheit,
Dass mein Herz ganz dir gehört.
Und selbst wenn morgen alles
zusammenbricht,
Selbst wenn das Leben uns trennt,
Werde ich immer die Erinnerung
bewahren An eine Liebe so rein,
Dass selbst das Universum Sie
niemals löschen könnte."

,,Deine Abwesenheit lastet auf mir,
Mehr, als ich zugeben möchte,
Wie ein anhaltender Schatten,
Eine Leere,
Die sich durch meine Tage zieht.
Ist das also die Sehnsucht,
Eine viel zu laute Stille,
Eine Hand, die nach deiner sucht,
Ein Herzschlag,
Der allein widerhallt,
Wartend auf deinen,
Um vollständig zu sein."

,,Manchmal Frage ich mich,
Ob du dasselbe fühlst wie ich.
Ob meine Abwesenheit
Eine Leere in dir hinterlässt,
So wie deine in mir."

,,Wenn man mich nach Liebe fragt,
Werde ich von dir erzählen.
Von der Zärtlichkeit,
Die du in mein Leben bringst,
Von der Wärme,
die ich spüre,
Wenn du meine Hand hältst,
Von diesem Herzschlag,
Der sich deinem anpasst,
Sobald du bei mir bist.''

,,Deine Nähe,
ist wie ein leiser Tanz,
den meine Seele schon ewig kennt,
auch wenn der Körper sich erst
finden muss."

,,Wenn Lieben ein Verbrechen
wäre,
Dann wäre ich schuldig,
ohne Reue,
Ohne Umweg,
bereit, meine Strafe
In der Ewigkeit deiner Arme
zu verbüßen.
Sollen sie mich richten,
Sollen sie mich verurteilen,
Wenn es falsch ist, dich zu lieben,
Dann lehne ich die Unschuld ab."

,,Wenn du da bist,
Scheint mir sogar die Stille erfüllt,
Erfüllt von tausend Versprechen,
Von schwebenden Momenten,
Von Worten, die wir erahnen,
Ohne sie je auszusprechen.
Jeder Blick,
Jeder geteilte Atemzug
Schreibt eine Geschichte,
Die nur unser Herz versteht."

,,Wenn ich an dich denke,
Wird mir bewusst,
Dass Liebe keine großen
Erklärungen,
Keine übertriebenen Versprechen
Oder poetische Worte braucht.
Sie braucht nur die Aufrichtigkeit
Eines Blickes,
Einer Hand, die meine streift,
Eines gemeinsamen Schweigens,
Das alles sagt."

,,Wenn lieben heißt,
Den Halt zu verlieren,
Dann möchte ich in
Deinen Armen ertrinken.
Wenn lieben heißt,
Ein Risiko einzugehen,
Dann möchte ich jeden Tag spielen
Mit dem Glanz deines Lächelns
Als einzigem Einsatz."

,,Dieses Zittern,
Dieser übersprungene Herzschlag,
Dieser Schwindel,
Ich glaube, genau das ist es,
Sich zu verlieben."

,,Ich liebe die Stärke in dir,
die nicht schreit,
sondern bleibt.
Diese unerschütterliche Ruhe,
mit der du andere trägst,
obwohl du selbst
längst müde bist."

,,Du bist der schönste Zufall,
Den das Leben auf meinen Weg
gestreut hat,
Eine unerwartete Begegnung,
Ein Zufall, der wie eine
Selbstverständlichkeit klang.
Weder geplant, noch gesucht,
Doch zum richtigen Zeitpunkt
gekommen,
Als hätte das Universum,
Ohne es zu wissen,
Einen Weg gezeichnet,
Der direkt zu dir führt."

,,Wenn du meinen Namen sagst,
Entdecke ich ihn neu,
Als ob er immer
Für dich gemacht wäre.
Wenn du mich anschaust,
Werde ich
Die schönste Version
Von mir selbst."

,,Jedes Mal,
Wenn du meine Hand streifst,
Halte ich den Atem an,
Als ob die Welt
Aufhören würde, sich zu drehen."

,,Ich könnte deiner Stimme
lauschen
Wieder
Und wieder,
Sie klingt
Wie eine sanfte Melodie,
Von der ich niemals genug
bekomme."

„Von dem Moment an,
als sich unsere Blicke trafen,
Hat sich etwas in mir verändert.
Ich kann es nicht erklären,
Aber dein Blick hat mich gefesselt.
Als ob ich, ohne dich zu kennen,
Schon wusste, dass du mein Leben
verändern würdest.
Seit diesem Tag
Spüre ich jedes Mal,
wenn du da bist,
Dieses gleiche Zittern,
Das mir sagt, dass die Liebe
Vielleicht gerade an meine Tür
geklopft hat."

,,Ich möchte deinen
Duft auf mir behalten,
Wie einen unsichtbaren Abdruck,
Eine Erinnerung, die nicht
verblasst.
Die Essenz eines Augenblicks,
Der stille Beweis,
Dass du hier warst,
Ganz nah bei mir,
Dass deine Wärme existierte,
Dass sie meine Haut berührte,
Lange nachdem du gegangen bist."

,,Du hast dieses Lächeln,
Das mein Herz schneller
schlagen lässt,
Die Zeit beschleunigt,
Die Welt um mich herum
verblassen lässt.
Ein schwebender Glanz,
Ein sanftes Licht,
Ein stilles Zittern,
Das meiner Seele zuflüstert,
Dass ich genau dort bin,
Wo ich sein sollte."

,,Ich möchte diesen Moment
festhalten,
Wenn du mich anschaust,
Als wäre ich die einzige auf
der Welt,
Wenn deine Augen Mich fühlen
lassen,
Dass ich
Genau dort bin, wo ich sein soll."

,,In deinen Augen liegt etwas,
Das mich einlädt, dir zu folgen,
Mich treiben zu lassen
Von diesem unerklärlichen Gefühl,
Das uns verbindet,
Ohne dass ich es erklären könnte.
Es ist ein unsichtbarer Faden,
Ein stiller Schauer,
Selbst wenn ich die Augen
schließe,
Spüre ich deine Gegenwart."

,,Ich habe die Liebe gesucht
In Büchern,
In Filmen,
in Liedern.
Dann bist du gekommen,
Und ich habe verstanden,
Dass kein Wort, keine Melodie,
Keine erfundene Geschichte
Die Empfindung übertreffen
konnte,
Von dir geliebt zu werden.
Du bist das, was ich immer erhofft
habe,
Ohne es zu wissen.
Liebe ist nicht mehr eine Idee,
Ein Konzept,
Eine Illusion.
Sie ist real.
Sie hat dein Gesicht, deine Stimme,
Die Art, wie du meine Hand
nimmst
Ohne Grund."

,,Es gibt Augen,
die sagen nicht „Ich liebe dich".
Sie flüstern:
„Ich sehe dich. Ganz."
Und das ist so viel mehr."

„Dein Herz war wie ein klarer
Fluss…
ruhig,
tief,
und doch voller Kraft.
Und ich habe gelernt,
darin zu schwimmen,
ohne zu ertrinken."

,,Ich habe keine Angst,
Mich zu verlieren,
Solange es mit dir ist,
Dass ich mich verliere.
Denn mit dir
Sieht selbst das Unbekannte
Wie ein Zuhause aus,
In dem
Ich mich wohl fühle."

,,Ich verliere mich im Braun
deiner Augen,
wie in einem endlosen Wald im
goldenen Licht der Dämmerung.
Eine Wärme ohne Anfang,
ein Blick ohne Ende.
Die Zeit verliert an Bedeutung,
wenn ich dich ansehe.
Ich lasse mich fallen,
nicht wie jemand, der stürzt,
sondern wie jemand,
der endlich ankommt.
Wäre die Liebe ein Ort,
dann wären deine Augen
der Weg dorthin.
Und ich würde ihn immer wieder
gehen - mit geschlossenen Augen
und weit geöffnetem Herzen."

,,Man sagt, dass die Liebe,
Ein Feuer ist,
Das irgendwann erlischt.
Aber mit dir,
Ist es eine Flamme,
Die tanzt,
Die wächst,
Die immer heller leuchtet
Mit jedem Tag."

,,Es gibt Arme,
Die einengen,
Die festhalten,
Die erdrücken.
Und dann gibt es deine,
Die befreien,
Die beruhigen,
Die mich glauben lassen,
Dass ich genau dort bin,
Wo ich sein sollte."

,,Seitdem ich dich getroffen habe,
Kann ich an nichts anderes mehr
denken.
Du hast meinen Geist erobert,
Wie ein Lied,
Das man immer wieder hört
Ohne sich jemals daran satt zu
hören."

,,Wenn ich an dich denke,
Sehe ich nicht nur dein Gesicht.
Ich spüre eine Wärme,
Eine Gelassenheit,
Als ob deine Liebe
Die Karte meines Herzens
Neu gezeichnet hätte."

,,Ich dachte, dass das Glück
Zart ist,
Dass es sich
Mit einem einfachen Atemzug
verflüchtigen kann.
Aber du,
Du bist die Ausnahme.
Du bist der Beweis,
Dass es Dinge gibt,
Die bleiben,
Die sich verankern,
Die nicht beim ersten Windstoß
verschwinden."

,,Ich möchte diesen Moment
festhalten,
Wenn du mich anschaust,
Als wäre ich die einzige auf
der Welt,
Wenn deine Augen
Mich fühlen lassen,
Dass ich
Genau dort bin, wo ich sein soll."

,,Selbst nach all dieser Zeit,
Beschleunigt sich mein Herz,
Wenn ich deinen Namen sehe,
Auf meinem Bildschirm
erscheinen.
Wie am allerersten Tag."

,,Ich kann nicht erklären,
Warum es bei dir anders war.
Vielleicht,
Weil du still geblieben bist,
Während in mir alles laut wurde."

,,Manchmal schaue ich dich an,
Ohne dass du es weißt,
Nur um diesen Moment
festzuhalten,
In dem du da bist,
Ohne Kunstgriff,
Ohne Maske,
Einfach du.
Und ich sage mir,
Wie glücklich ich bin,
Dich gefunden zu haben."

,,Ich habe immer geglaubt, dass
die Liebe
Ein endloses Labyrinth ist,
Ein Spiel aus Schatten und Stille,
Ein unsicheres Warten,
Ein Zittern gemischt mit Zweifeln.
Aber mit dir scheint alles So klar,
So fließend,
Wie eine Selbstverständlichkeit,
Die das Universum schon lange
Vor uns geschrieben hatte."

,,Manchmal flüstert die Stille
lauter als Worte und sagt mir,
dass du immer noch hier bist."

,,Die Welt kann sich drehen,
Die Tage können vergehen,
Aber nichts macht mir mehr
Angst
Als die Vorstellung,
Nicht mehr
Dein bevorzugter Ort zu sein.
Wenn du meine Gewissheit bist,
Dann möchte ich auch
Die deine sein."

,,Ich glaube nicht an Zufall.
Ich glaube,
Dass unsere Seelen
Dafür gemacht waren,
Sich zu finden,
Sich zu wählen,
Sich zu lieben."

,,Es gibt etwas in deiner Stimme,
Eine Sanftheit, die mich beruhigt,
Ein Echo, das widerhallt Dort,
wo alles andere verblasst.
Du bist mein liebster Schweigen,
Das mehr spricht
Als alle Worte der Welt."

,,In deinen Augen finde ich das Zuhause, das ich in keinem Hafen je gesucht habe."

,,Du bist die einzige Person,
Die mich dazu bringt,
An die Ewigkeit zu glauben.
Denn mit dir,
Haben selbst die Sekunden
Den Geschmack der Unendlichkeit.
Und falls wir uns eines Tages
Verlieren sollten,
Würde ich dich
In einem anderen Leben
wiederfinden."

,,Es gibt ein Schaudern
In meinem Rücken,
Wenn du meinen Namen sagst.
Als ob jeder Buchstabe
Auf deine Stimme gewartet hätte,
Um vollständig zu existieren."

,,Die Tage ohne dich
Haben eine andere Farbe,
Einen anderen Duft.
Als ob selbst der Wind
sich weigerte zu wehen,
Wenn du nicht da bist."

,,Ich habe so viele Blicke getroffen,
So viele Stimmen gehört,
Aber nur du
Klingst in mir.
Nur du
Könnte ich suchen
In einer Menge,
Könnte ich erkennen
Mit geschlossenen Augen."

,,Wenn lieben heißt,
den Halt zu verlieren,
Dann möchte ich in deinen
Armen ertrinken.
Wenn lieben heißt,
ein Risiko einzugehen,
Dann möchte ich jeden Tag spielen
Mit dem Glanz deines Lächelns
Als einzigem Einsatz."

,,Es gibt Seelen,
Die sich erkennen,
Bevor sie sich gehören,
Bevor sich die Körper berühren,
Bevor sich die Blicke treffen.
Sie ziehen sich an,
Suchen sich durch die Zeit,
Als ob ein unsichtbarer Faden
Sie schon lange vor dem Schicksal
verbunden hätte.
Nichts wird erzwungen,
Nichts wird entschieden,
Es ist eine stille
Selbstverständlichkeit,
Ein Schaudern im Inneren der
Seele,
Ein uraltes Echo, das flüstert:
"Es warst du, schon immer."

,,Du bist mein Lieblingsverbot.
Du bist die Linie,
Die ich nicht überschreiten sollte,
Aber die ich mit geschlossenen
Augen übertrete.
Du bist die Gefahr, vor der
ich fliehen sollte,
Aber die mich wie ein Magnet
festhält."

,,Ich frage mich manchmal,
Ob ich dich zu sehr liebe.
Dann lächelst du,
Und ich merke,
Dass es kein zu viel gibt,
Wenn es um dich geht."

,,Manchmal frage ich mich,
Ob wir eine Wahl haben.
Als ob etwas
Größeres als wir
Uns schon vor diesem Treffen
Verbindet hätte.
Es ist in der Luft,
In jeder Stille,
In jedem Herzschlag,
Der sich beschleunigt, wenn du
da bist.
Du siehst mich an,
Und ich verstehe,
Dass bestimmte Verbindungen
Sich nicht erklären lassen,
Sie müssen erlebt werden.
Und vielleicht werden wir morgen
Verschiedene Wege gehen,
Aber im Moment,
Möchte ich nicht an morgen
denken."

,,Liebe ist ein Meer aus Licht
und Schatten, und du bist das
Leuchten, das mich trägt."

,,Ich könnte gehen,
Mich entfernen, bevor es
zu spät ist,
Bevor dein Blick mich fesselt,
Bevor dein Atem zur Gewohnheit
wird,
Bevor deine Abwesenheit zu
einem Mangel wird
Aber das würde mich berauben
Vom schönsten der Gefahren,
Von diesem sanften Fieber,
Das verbrennt, ohne zu zerstören,
Von diesem Abgrund, in den
ich falle,
Ohne zu versuchen, mich zu
fangen.
Ich könnte fliehen,
Aber warum
Manche Feuer sind dafür gemacht,
Die Seele zu entflammen,
Und deins brennt schon in mir.''

,,Ich spüre deine Präsenz,
Bevor ich dich sehe,
Wie ein Versprechen,
Das in der Luft schwebt,
Wie ein Geheimnis,
Das nur mein Herz versteht."

,,Wenn unsere Seelen
sich anziehen,
Warum sollten wir dann kämpfen
Warum sollten wir so tun,
Als ob die Offensichtlichkeit nicht
existiert
Vielleicht bedeutet lieben,
Einfach
Keine Angst mehr zu haben
Vor dem, was in uns brennt."

,,Jede Minute mit dir
Zweifelt an meinen Gewissheiten,
Bringt meine Abwehr ins Wanken,
Lässt mich an meiner Fähigkeit
zweifeln,
Mich zu wehren.
Dein Blick ist eine Versuchung,
Deine Stille, ein Versprechen,
Und jedes gesprochene Wort Ist
eine angelehnte Tür
Zu einem Abgrund, in den
Ich nicht weiß, wann ich stürzen
werde."

,,Deine Lippen zu nah,
Dein Blick zu aufdringlich.
Mein Herz schlägt schneller und
ich spüre,
Dass wenn du plötzlich,
Noch näher kommst,
Ich nichts mehr kontrollieren
werde."

,,Es würde nur eine Geste
brauchen,
Ein leises Flüstern,
Und alles würde kippen.
Also tanzen wir auf diesem
schmalen Grat,
Spielen mit dieser Grenze,
Zwischen dem, was wir
sein sollen,
Und dem, was wir sein wollen."

,,Ich habe mich nicht in dein
Lächeln verliebt,
sondern in das,
was dahinter leuchtet.
Dieses ungeschützte,
ehrliche Licht
deiner Seele."

,,Ich weiß nicht, was schlimmer
ist,
Dich schweigend zu begehren,
Im Warten zu versinken
Oder zu fürchten, dich nie
zu haben.
Dieses zerbrechliche Gleichgewicht
zu brechen
Und dich davonschweben zu
sehen,
Wie ein Echo, das verblasst,
Wäre eine Qual für mich."

,,Vielleicht könnten wir uns
Mit einem einfachen Lächeln
begnügen
Und unser Leben weiterführen,
Getrennt voneinander,
Aber unsere Herzen
Haben anders entschieden."

,,Ich Könnte so tun,
Als Wäre ich unempfindlich für
deinen Charme,
Doch Mein Blick
Würde mich immer verraten."

,,Die Sterne Leuchten,
Erhellen Den Himmel mit ihrem
fernen Glanz,
Singen Schweigend
Von Der Unendlichkeit des
Universums.
Doch Keine Funkelt so sehr
Wie Dein Blick auf mir,
Keine Brennt mit so viel Kraft,
Keine Fängt meine Seele ein
So Wie deine Augen.
Sie Sind meine Konstellation,
Mein Anker in der Dunkelheit,
Ein Sanftes, ewiges Feuer,
Das Jeden Moment erhellt
Und Die Nacht strahlender macht
Als Alle Sterne zusammen.”

,,Vielleicht bist du nicht mein Heute,
Aber das leise Versprechen meines Morgens."

,,Ich habe dich losgelassen,
aber nie aufgehört,
dich zu halten…
dort,
wo kein Abschied hinkommt."

,,Wir waren vielleicht nicht bereit,
aber wir waren echt.
Und das ist mehr,
als viele je haben."

,,Du spielst mit mir,
Oder bin ich es,
Die zu nah an den Flammen tanzt,
Angezogen von der Wärme
Eines Feuers, vor dem ich
fliehen sollte.
Jeder Blick entfacht den Brand,
Jede Stille schürt den Zweifel.
Und doch bleibe ich hier,
Brennend vor Verlangen,
Brennend nach dir."

,,Vielleicht schreibt das Leben
keine geraden Zeilen,
aber manchmal
führt selbst das Chaos zurück
zu dem,
was nie ganz fort war."

,,Ich hätte gerne jeden Moment mit
dir festgehalten,
Sie in einer Schachtel verschlossen,
Um sie unendlich oft zu erleben.
Das Kribbeln unserer
ersten Blicke,
Das Zittern meiner Hand in deiner,
Die Wärme deines Atems auf meiner
Haut.
Ich hätte die Zeit gerne
verlangsamt,
Die Zärtlichkeit deines Lächelns
bewahrt
Und das Leuchten in deinen Augen
Wie einen verborgenen Schatz
gehütet.
Doch Liebe ist nicht dafür
geschaffen,
Erstarrt zu sein,
Sie ist dazu da, gelebt zu werden,
Also begnüge ich mich damit, jeden
Moment zu schätzen,
Im Wissen, dass mit dir Alles ewig
ist."

,,Ich sollte vielleicht vorsichtig
sein,
Aber wie könnte ich widerstehen?
Du bist eine Versuchung,
Der ich nicht entkommen möchte."

,,Ich habe mich nicht in deine
Starke verliebt.
Ich habe mich in deine
Verletzlichkeit verliebt,
die du nie versteckt hast,
sondern getragen hast
wie ein Teil
deines Lichts."

,,Ich habe auf dich gewartet, ohne
es zu wissen,
Wie ein Stern, der auf die
Morgendämmerung wartet,
Wie ein Atemzug, der die Luft
sucht.
Und jetzt, da du da bist,
Fügt sich alles zusammen, alles
ergibt Sinn,
Als wäre jeder Moment vor dir
Nur ein Vorspiel für uns gewesen."

,,Wenn ich die Zeit anhalten
könnte,
Wäre es jetzt,
Mit deiner Hand in meiner,
Unseren Blicken, die sich kreuzen,
Und dieser Liebe,
Die zwischen uns schwebt."

„Ich könnte mein ganzes Leben verbringen,
Die richtigen Worte zu suchen,
Um zu beschreiben, was ich fühle,
Doch keines wäre stark genug.
Also begnüge ich mich damit, dich zu lieben,
In jedem Blick,
In jedem Schweigen,
In jedem Herzschlag,
Der deinen Namen trägt,
Ohne überhaupt sprechen zu müssen."

,,Dein Herz war zu rein,
um sich zu tarnen,
es hat mich gesehen,
genau dort,
wo ich mich selbst
nie anschauen konnte.
Und es hat nicht gezögert,
mich zu lieben."

,,Deine Abwesenheit lastet auf mir,
Mehr, als ich zugeben möchte,
Wie ein anhaltender Schatten,
Eine Leere, die sich durch meine
Tage zieht.
Ist das also die Sehnsucht,
Eine viel zu laute Stille,
Eine Hand, die nach deiner sucht,
Ein Herzschlag,
Der allein widerhallt,
Wartend auf deinen,
Um vollständig zu sein."

,,Wir sind zwei Sterne, die sich im Dunkel suchten,
und im Funkeln nie verloren."

,,Ich möchte diesen Moment
einfangen,
Den Augenblick festhalten,
in dem dein Blick Mich anders
fühlen lässt,
Als würde die Welt verschwinden,
Als wäre nichts anderes mehr
wichtig.
In deinen Augen
Bin ich nicht bloß anwesend,
Ich bin selbstverständlich,
Die Einzige im Herzen
Deines Universums."

„Ich traf dich,
Als ich längst aufgehört hatte
Zu suchen.
Als die Hoffnung auf eine Liebe
So groß wie diese
Für mich schon verloren schien.
Dein Kommen in mein Leben kam
Unerwartet,
Doch es war eine Überraschung,
Die alles neu gestaltete.
Du bist die Antwort auf eine Frage,
Die ich nicht mehr zu
stellen Wagte."

,,Ich liebte dich nicht,
Weil du perfekt warst.
Ich liebte dich,
Weil ich bei dir nicht perfekt sein
Musste."

,,Dein Herz war nie laut.
Aber es hatte diese stille Reinheit,
die selbst meine Schatten
nicht verurteilt hat."

,,Es war der Blick in deine Augen,
der mir gezeigt hat,
dass manche Seelen nicht suchen
müssen,
sie erinnern sich."

,,Ich frage mich nicht mehr,
Ob du mich auch vermisst.
Ich weiß nur, dass manche Herzen
Im selben Takt schlagen,
Selbst wenn Welten dazwischen
Liegen."

,,Vielleicht führt uns das Leben
Umwege, damit wir lernen,
was es heißt,
wirklich zu lieben.
Und wenn sich unsere Wege eines
Tages wieder treffen,
dann nicht als Zufall,
sondern als Antwort auf alles,
woran wir leise
geglaubt haben."

,,Ich glaube nicht an Zufälle.
Ich glaube daran,
dass sich manche Wege trennen
müssen, damit sie sich
wiederfinden dürfen."

,,Ich habe aufgehört,
dich zu suchen.
Aber nie aufgehört,
an dich zu glauben."

,,Ich sah das Licht in dir,
selbst als du im Schatten standest.
Und vielleicht ist das
die größte Form von Liebe:
nicht zu warten,
bis jemand glänzt,
sondern ihn zu halten,
während er brennt."

,,Es war nie dein Lächeln,
das mich gebrochen hat.
Es war der Moment,
als ich erkannte,
wie viel Wärme in
einem Menschen sein kann,
und wie kalt es ist,
wenn sie fehlt."

,,Unsere Geschichte ist nicht vorbei.
Sie schläft nur zwischen den Seiten,
bis das Leben bereit ist,
sie weiterzuschreiben."

,,Wahre Liebe kennt keine Zeit.
Sie bleibt,
selbst wenn Wege sich trennen,
selbst wenn Jahre vergehen.
Vielleicht mussten wir uns
verlieren, um zu begreifen,
dass es immer nur wir waren.
Alles geschieht aus einem Grund,
und manche Herzen finden erst
dann zueinander,
wenn sie gelernt haben,
sich selbst zu tragen."

,,Und wenn du je zurückkommst,
nicht, weil du musst,
sondern weil du willst,
dann wird mein Herz nicht fragen,
wo du warst, sondern still sagen:
„Willkommen zu Hause."

,,Wenn es Liebe war,
dann bleibt sie,
auch wenn alles andere
sich verändert hat."

Letizia Jolie Nicola
Autorin

„Ich liebe es, Bücher zu schreiben, weil Worte heilen können - manchmal genau dort, wo niemand hinsieht. Wenn meine Geschichten nur einen Menschen berühren oder verstehen lassen, hat sich alles gelohnt."

@letizia_jolie_

Dieses Buch
„Wenn du es wärst"

„Wenn du es wärst" ist ein poetisches Liebeszitat-Buch für all jene, die nie wirklich loslassen konnten. Für Herzen, die noch immer hoffen – leise, aber unaufhörlich.
Es ist eine Sammlung aus Sehnsucht, Erinnerung und der Frage, ob echte Liebe je vergeht.
Auch die Autorin dachte dabei an eine bestimmte Person!

LETIZIA JOLIE NICOLA

Wenn du es wärst!

Weitere Bücher:
„Im Sturm der Stille"

„Im Sturm der Stille" ist
ein persönliches und
berührendes Buch über
den Umgang mit
Angststörungen und
Panikattacken. Offen und
authentisch erzählt die
Autorin von ihrem inneren
Kampf, ihren Gedanken
und dem Weg zurück zu
sich selbst - ohne
Klischees, aber mit viel
Herz. Es ist ein Mutmacher
für alle, die im Stillen
kämpfen.

Weitere Bücher:
„Schattenherz"

„Schattenherz, ist die persönliche Lebensgeschichte von Letizia mit ihrer Figur „Jolie" lässt sie einen Teil ihrer Vergangenheit los, in dem sie unteranderem, über Mobbing, Missbrauchs Erfahrungen, Belastungsstörung und mehr, schreibt! Sie hilft mit diesem Buch, mehreren Menschen ihre eigene Geschichte loszulassen!

LETIZIA JOLIE NICOLA

SCHATTENHERZ

DAS HERZ TRÄGT NARBEN!

„JOLIES UNERZÄHLTE GESCHICHTE!"

Ps: Ich habe nie aufgehört dich zu lieben! Auch wenn wir kein "wir" mehr sind, gebe ich uns nie auf! Weil du es warst der mich zuerst mit dem Herzen gesehen hat!
~Letizia